AF229260

ETUDE BIOGRAPHIQUE

SUR

M. Hᵀᴱ DE LA PORTE

A. Queyroy, del et sc
Imp Delâtre, Paris

ÉTUDE BIOGRAPHIQUE

SUR

M. H^{te} DE LA PORTE

PAR

M. RICHARD DE LA HAUTIÈRE

AVOCAT A BLOIS

(Travail lu à la *Société Archéologique, Scientifique et Littéraire du Vendômois*, dans sa séance du 10 octobre 1867.)

« Tout son esprit et tout son cœur. »
VICTOR HUGO.

———

VENDOME

LIBRAIRIE DEVAURE-HENRION

1868

M. HIPPOLYTE DE LA PORTE

« Après le plaisir si vif d'apprendre, a dit quel-
« que part M. de la Porte, il y a celui de se souve-
« nir, et aussi le plaisir d'enseigner.... Nous dispa-
« raissons si vite de la terre ! heureux celui qui peut
« y laisser une trace honorable et surtout utile de son
« passage!» Le but de l'ambition d'un homme de bien,
si simplement défini en quelques lignes à la fois spiri-
tuelles et émues, M. de La Porte l'a noblement atteint.
Son passage parmi nous a laissé une trace honorable
et utile ; j'en atteste nos souvenirs. Ce sont ces souvenirs qu'il s'agit de rassembler ; nous y trouverons
plaisir et enseignement ; et en les fixant de quelque
façon durable dans les archives de la Société archéologique du Vendômois, avant que le temps ne les ait ef-
facés, nous rendrons service à nos enfants, et nous ac-
quitterons, envers une famille dont le nom ne rappelle
à notre pays que des bienfaits et de nobles exemples,
une dette de patriotique reconnaissance.

J'aime à croire d'ailleurs que la vie peu accidentée
et toute d'étude désintéressée qui s'offre à notre atten-

tion, nous présentera, grâce aux matériaux qu'un pieux empressement a mis entre nos mains, des éléments précieux pour les lettres. La difficulté seulement est d'enchâsser avec art ces perles dans le récit d'une douce et uniforme existence toute consacrée aux livres et à l'amitié, et qui s'est écoulée en bienfaits cachés, en correspondances intimes, en études persévérantes mais intérieures, ne s'ouvrant au public qu'à de rares intervalles par des brochures plutôt que par des livres, mais par des brochures pleines de sève et d'originalité, qui ont fixé l'attention des esprits les plus distingués. L'homme qui fut apprécié de Madame de Staël, qui obtint les suffrages et l'amitié des Fiévée, des de Feletz, des Montmerqué, ne fut pas un homme sans valeur, et il mérite une place non-seulement dans le souvenir de sa patrie d'origine et d'élection, mais dans la mémoire de tous les hommes de goût.

M. Hippolyte de la Porte, né à Paris en septembre 1771, sortait d'une famille noble et distinguée, qui occupait depuis longtemps une position honorable dans les grandes places du Conseil d'Etat et de l'Intendance des Provinces. Le père de M. de la Porte, devenu Intendant de Lorraine, après avoir commencé par être Maître des Requêtes au Conseil d'Etat, puis Intendant du Roussillon, avait épousé une demoiselle de Meulan. Son grand-père avait été Intendant du Bourbonnais, puis du Dauphiné et Conseiller d'Etat. Il avait épousé une demoiselle de Caumartin, nièce de M. de Caumartin, évêque de Blois.

C'est au bisaïeul de M. de la Porte, à M. de la Porte de Férancourt, fermier-général et époux d'une demoiselle de Soubeyran, que l'on doit la reconstruction du château et du village de Meslay tels que nous les voyons aujourd'hui. Cette construction remonte à 1733. Auparavant, le château était ce manoir féodal flanqué de fossés, qui avait servi de quartier général à Henri IV lorsqu'il assiégea Vendôme en 1589.

M. de la Porte de Férancourt transporta le village entier sur un emplacement sec et sain, fit construire, sur un plan régulier, des maisons confortables, établit, au milieu, le presbytère et l'église actuels, le tout aéré, spacieux, ombragé d'arbres ; et pour assurer le développement et l'avenir de cette localité, il y fonda une manufacture où l'on travaillait l'étoffe de coton appelée siamoise.

Plus tard, la Manufacture passa dans les mains de la famille Josse de Beauvoir, et nous avons assisté aux secousses successives qui, dans des temps plus récents, ont éprouvé cet établissement.

La famille de la Porte, retenue à Paris ou dans des provinces éloignées par les devoirs des charges importantes qu'elle occupait, habita fort peu Meslay jusqu'en 1789. Mais, à la suppression des Intendances, le père et la mère de M. de la Porte vinrent se fixer dans ce pays avec leur fille, Mademoiselle Louise de la Porte.

M. de la Porte, cependant, après avoir terminé au collége de Juilly de fortes études, fit son droit avec le dessein d'entrer dans la magistrature. Mais on touchait à cette crise redoutable qui, en renouvelant l'ordre social dans son entier, allait bouleverser tant d'existences particulières. On était aux premiers mois de 1792. Le père de M. de la Porte, inquiet du séjour de son fils dans cette capitale embrasée, où chaque jour semblait éclater une révolution nouvelle, l'envoya voyager à l'étranger, et le confia à M. de Thuisy, commandeur de Malte, son cousin, qui l'emmena en Italie. A Gênes, M. de la Porte se sépara de son guide, et parcourut toutes les grandes villes de la Péninsule. Il songeait à rentrer en France, quand il apprit que son nom avait été porté sur la liste des émigrés. Cette mesure lui fermait le chemin de la patrie. Notre émigré sans le vouloir mit son exil à profit, et étudia de plus près les chefs-d'œuvre dont l'Italie est semée et les convulsions politiques d'un peuple mobile, mou et enthousiaste, dont il a saisi le caractère avec finesse, dans un écrit dont nous aurons à parler avec quelque détail.

Retiré d'abord à Vicence, puis à Venise, où il assista à la chute de l'antique gouvernement des Doges, que le souffle d'un lieutenant du général Bonaparte suffit à renverser, dans ces différents séjours il contracta avec des familles distinguées, avec des personnes marquantes dans les sciences, dans les arts, ou dans la politique, des liaisons que le naturel doux et heureux de M. de la Porte transforma promptement en amitiés ; ces amitiés n'ont cessé qu'avec la vie.

Mais ces loisirs féconds et variés d'un voyage de quatre années à travers les ruines anciennes et modernes de l'Italie, ne pouvaient chasser du cœur de notre jeune exilé le souvenir de la patrie et de la famille absentes. A cette époque, la France subissait de douloureuses et sanglantes épreuves. La proscription qui avait frappé quiconque portait un nom, n'avait pas épargné les parents de M. de la Porte, et cette famille avait été plongée dans un abyme de maux dont ne purent la tirer que le courage viril et la présence d'esprit de Mlle Louise de la Porte. Ici se pressent sous la plume des souvenirs si touchants et si nobles que nous ne pouvons les passer sous silence ; ils glorifient la patrie vendômoise dans un de ses enfants, et nous prouvent qu'en tous les temps de crise, les femmes, chez nous, savent élever leur dévouement et leur énergie à la hauteur de tous les périls. On était en 1793 ; M. et M⁽ᵐᵉ⁾ de la Porte, père et mère, avaient été mis au nombre des suspects. M. de la Porte père fut conduit à Blois et incarcéré au couvent des Dames de Sainte-Marie, transformé en maison d'arrêt. De là, on le transféra à la prison de Pont-Levoy, où il trouva pour compagnon de captivité M. de Salabéry le père, président à la Cour des Aides de Paris, propriétaire de la terre de Pezay et de Fossé.

M⁽ˡˡᵉ⁾ Louise de la Porte, surmontant sa jeunesse et la timidité de son sexe, venait fréquemment, de Meslay, prodiguer à son père toutes les consolations de la piété filiale. M. de Salabéry fut si touché de la conduite de M⁽ˡˡᵉ⁾ Louise de la Porte, que, lorsqu'il quitta la prison de Pont-Levoy pour être transféré à Paris, où l'attendait l'échafaud, il exprima le vœu que son fils épousât un jour cette jeune personne courageuse et dévouée. Ce vœu put se réaliser quelques années plus tard ; et l'on se rappelle, en effet, l'heureuse union de M⁽ˡˡᵉ⁾ de la Porte avec M. de Salabéry, l'homme au cœur chaleureux et à l'esprit brillant et vif, dont la verve égaya plus d'une fois les orageuses discussions de la Chambre des Députés, sous la Restauration, et qui a laissé sa trace dans l'histoire parlementaire de cette époque ; mais auparavant M⁽ˡˡᵉ⁾ de la Porte avait à donner d'autres et plus hautes marques de son caractère.

M. de la Porte père, plus heureux que M. de Salabéry, avait d'abord trouvé grâce devant les rigueurs de l'époque. Ramené sous escorte à Meslay, il y put jouir, entouré de sa femme et de sa fille, de quelques jours de tranquillité. Mais bientôt il fut recherché de nouveau, et enfermé, cette fois avec Mme de la Porte, dans la prison de Vendôme, qui occupait alors les anciens bâtiments de l'Abbaye.

Son père et sa mère ainsi incarcérés, son frère absent, isolée et privée, à Meslay, de tout appui, Mlle Louise de la Porte ne se laisse point aller au découragement, et, s'oubliant elle-même, elle conçoit le projet de sauver s'il se peut tous les siens. Un citoyen généreux, M. Perrignat, bravant les susceptibilités ombrageuses des autorités redoutables d'alors, lui offre un asile à Vendôme, et la reçoit comme une fille au sein de sa famille. Mlle de la Porte se hâte de mettre à profit l'hospitalité dévouée qui l'accueille. Démarches, larmes, supplications, rien ne lui coûte pour essayer de fléchir ceux qui tenaient dans leurs mains le sort de ses parents ; mais ses efforts sont vains. Perdant tout espoir et puisant dans son amour filial et dans le dévouement de quelques amis zélés, MM. Moulnier, Quentin et Bailly, la force et les ressources nécessaires, elle trace et exécute un plan d'évasion dont la Providence mène à bonne fin la réussite. Par les soins de cette courageuse jeune fille, tout est préparé. Au moyen de draps cousus ensemble, M. et Mme de la Porte se laissent glisser des fenêtres du second étage de leur prison, du côté des Grands-Prés. « Les prisonniers, dit un récit intime qui nous fournit ces détails, oubliaient leurs propres infortunes et leurs dangers personnels pour faciliter cette fuite hasardeuse et émouvante d'un couple respecté. » M. et Mme de la Porte touchent à terre, et se dérobent à travers les prés qui longent le quartier actuel de cavalerie. MM. Moulnier et Bailly les attendaient; une charrette les recueille et les conduit à Villetrun, dans une ferme appartenant à M. Chéroute. Nos prisonniers étaient sauvés.... Il était temps ! Le lendemain ils devaient être transférés à Paris, et notre martyrologe politique eût compté deux noms de plus.

Dès que l'évasion de M. et de Mme de la Porte fut signalée, on mit immédiatement Mlle Louise de la Porte en état d'arrestation. Cette noble fille, indifférente pour elle-même, sut, du fond de sa prison, ménager des secours et un asile à son père et à sa mère. Rendue à la liberté au bout de quelques mois, elle alla plaider, devant le Tribunal révolutionnaire et devant le redoutable Comité de Salut public, la cause de ses parents proscrits. Les hommes qui disposaient de la fortune de la France furent émus par tant de courage, et les parents de Mlle de la Porte purent, sans être inquiétés, revenir dans leurs foyers.

Encouragée par ce succès, Mlle de la Porte employa tous ses efforts en faveur de son frère, et chercha à obtenir sa radiation de la liste des émigrés. Continuant son rôle de suppliante, elle allait attendre aux portes des ministères pour solliciter des audiences; les refus, les longues heures d'attente, rien ne la rebutait. Un jour, exténuée de fatigue, elle s'était assise sur une des marches de l'escalier du ministère de la police; un employé supérieur vient à passer; il est frappé de la pâleur, de la jeunesse et de l'air de distinction de cette héroïque solliciteuse; son affliction le touche, et il lui fait accorder immédiatement l'audience qu'elle demandait. Mais le terme des épreuves n'était pas encore arrivé pour M. Hippolyte de la Porte.

Impatient de revoir les siens, dont il ne recevait aucunes nouvelles, notre jeune proscrit se rapprocha de la frontière de France. Le hasard lui fit rencontrer sur sa route deux anciens membres des administrations révolutionnaires de Loir-et-Cher. « Il avait tellement le don de se faire aimer, dit une notice due à la plume de M. de Pétigny, que ces hommes prirent intérêt à lui. » Avec un passeport qu'ils lui procurèrent, il rentra en France et revint secrètement à Meslay. L'administration adoucie du Directoire fermait les yeux, et la famille réunie espérait n'avoir plus à se séparer, quand apparut la date violente du 18 fructidor. Nouvelle et rigoureuse injonction à tous les émigrés non rayés de la liste de sortir de France. M. de la Porte dut obéir et se retira à Hambourg, où il connut Rivarol et se lia intimement avec le prince Louis de Prusse. Puis enfin, le 18 brumaire lui rouvrit pour toujours les portes de la patrie. Il rentra à Meslay, et alors commença pour lui cette longue carrière de bienfaisance pendant laquelle, selon l'heureuse expression d'une femme d'esprit, chaque jour fut marqué par une bonne action, par un service rendu, par une attention gracieuse. Ajoutons que ce fut aussi une longue carrière d'études et de travaux.

La mémoire des bonnes œuvres de M. de la Porte reste dans le cœur de ceux qu'il a secourus ; nous ne devons pas violer ces secrets. Les pénétrer serait, du reste, difficile : sa main droite, selon le précepte, ignorait ce que donnait sa main gauche. Mais ce qui appartient à la publicité, ce sont ses travaux. Par eux, il a rattaché son nom à l'histoire générale. Non pas qu'il y ait à prétendre pour lui au laurier de la gloire ; mais, ainsi qu'on l'a fait observer, il laisse une renommée meilleure que la gloire ; ses écrits disent la variété de ses études et la pureté de son goût ; ses recherches ont d'ailleurs été utiles à la littérature : des écrivains brillants et illustres en ont profité plus d'une fois ; et dans le champ de la critique et de l'érudition, il a glané plus d'un épi. Cherchons donc à rassembler la gerbe de ce travailleur désintéressé et modeste. Par là, nous réaliserons un vœu de son cœur.

« Bon ou mauvais, ou médiocre, dit-il, un livre survit à son auteur, dût-il rester le plus souvent sur les rayons d'une bibliothèque ; mais enfin il existe ; il rappelle quelque chose et par suite quelqu'un. »

Phrase charmante de délicatesse et de modestie ! Les esprits d'élite sentent seuls ce besoin de se perpétuer dans la mémoire des hommes, comme seuls ils savent se soustraire aux préoccupations vulgaires pour se livrer à la culture intellectuelle ; et une remarque qui frappe tout d'abord, c'est que M. de la Porte, qui, par son nom, par ses antécédents, par ses épreuves et celles de sa famille, ainsi que par sa forte instruction, pouvait, sous la Restauration, prétendre aux places et aux honneurs et se livrer à des rêves d'ambition, a consacré exclusivement sa vie entière aux lettres.

Parcourons rapidement ses travaux.

Sa collaboration à deux entreprises historiques les plus importantes du commencement de ce siècle, l'*Art de vérifier les dates,* et la *Biographie Universelle* de MM. Michaud, voilà son titre principal à l'attention de la critique. A la Biographie Universelle notamment, cette œuvre immense et sans précédents lorsqu'elle parut, M. de la Porte a donné plus de cent articles signés ou non, et il a été un des réviseurs des notices admises dans cette volumineuse et si utile collection. Enrôlé depuis 1816 jusqu'après 1830 dans la vaillante troupe dont, pour me servir d'une expression de M. de la Porte, un savant infatigable et aussi modeste que profond, M. Pillette, était le général en chef, il en fut un des soldats les plus courageux. Cet homme du monde, qui, à Meslay et à Paris, semblait tout à la société, portait partout avec lui et se faisait partout adresser, à la ville, à la campagne, en voyage, les placards d'imprimerie, qu'il renvoyait revêtus de ses corrections. « Je suis, disait-il, un éplucheur de syllabes... » Et en effet, il épluchait ses propres écrits et ceux de ses collaborateurs avec la minutie d'un grammairien émérite et la justesse d'un savant de profession.

Qui se souvient, dans la génération actuelle, des Pillette, des Weiss, des Parisot, des de la Porte même et de tous ces écrivains utiles qui ont contribué à l'édification de ces deux monuments : l'*Art de vérifier les dates* et la *Biographie Universelle* ? Dans les lettres et dans les arts, comme dans la politique, ce ne sont pas les travailleurs les plus méritants qui surnagent sur l'Océan des âges. On peut leur appliquer ces vers du poëte :

> Ainsi passez, passez, ...
>   Doux pasteurs de l'Humanité !
> Hommes sages, passez, comme des fronts vulgaires,
>   Sans reflet d'immortalité !
> Passez! passez! Pour vous point de haute statue,
>   Le peuple perdra votre nom ;
> Car il ne se souvient que de l'homme qui tue
>   Avec le sabre ou le canon!

Parmi les articles signés de M. de la Porte dans la *Biographie*, on peut citer avec distinction les notices sur Mesdames d'Epinay, d'Houdetot, Doublet de Persan, de Longueville, de Montesson, de Lespinasse, de la Vallière, celles sur les frères Trudaine, Vardes, etc., que les journaux du temps ont mentionnées avec éloges ; et c'était justice. Malgré l'étroitesse du cadre et la nécessité de se renfermer la plupart du temps dans le sec narré des événements, souvent une anecdote ignorée, un trait, une réflexion rapide animent et relèvent le récit, éclairent d'un jour nouveau le personnage dont notre écrivain raconte la vie.

Quoiqu'il ait fourni à la Biographie des articles sur des personnages de tout sexe et de toutes époques, sur de grandes dames, des courtisans, des ministres, voire même des guerriers, témoin l'article sur le maréchal de Rochambeau, M. de la Porte n'affectait pas les hautes vues de l'histoire et de la politique ; le particulier, le détail, l'anecdote, c'est là ce que sa plume excelle à mettre en relief. Son goût le portait surtout vers le XVIIIe siècle, non par l'attrait philosophique, rien de plus opposé aux convictions de cette âme profondément chrétienne que les doctrines sensualistes de cette époque, mais par le charme du brillant esprit, des conversations étincelantes, des manières aisées et polies dont la France a offert alors le parfait modèle.

Aussi, dans une brochure publiée, en 1835, par M. de la Porte, pour combattre la ridicule manie de dénigrement, qui s'était alors emparée du théâtre et des livres, contre ce que l'on appelait les hommes et les choses de l'ancien régime, brochure intitulée *Notices et Observations à l'occasion de quelques femmes de la Société* *du XVIIIe siècle*, se rencontre-t-il, à ce point de vue, un tableau de cette époque d'une finesse et d'une vérité exquises.

Détachons cette page qui mérite d'être conservée :

« Ennemi des paradoxes et de toute exagération, je
« me garderai bien d'avancer que, sous l'empire de
« cette séduisante frivolité du dernier siècle et du
« triomphe qu'obtenait constamment l'esprit, on méri-
« tât à un beaucoup plus haut degré l'estime ou l'é-
« loge que dans telle ou telle autre période de la mo-
« narchie française. La part des faiblesses et de la
« corruption réelle a été faite par tout le monde ; mais
« pour ne parler que de l'esprit de société, les gens
« du monde étaient tellement affamés d'esprit qu'ils en
« firent une dignité, et même la première de toutes.
« Le charme de la conversation, principalement, devint
« un titre à leur estime. Ce charme fut longtemps at-
« taché à notre pays, où un contact habituel avec les
« femmes donnant à chacun l'envie de doubler ses
« moyens pour obtenir leur suffrage, faisait apprécier
« justement l'avantage qu'il y a d'échanger le plus pos-
« sible avec elles ses idées et ses sentiments. Il n'y
« eut rien dont la facilité naturelle ou acquise de s'ex-
« primer en société ne pût tenir lieu. L'homme qui,
« sans aïeux à citer avec orgueil, sans autres dons que
« ceux qui lui étaient purement personnels, possédait
« l'usage vif et brillant de la parole, se voyait appelé,
« applaudi, fêté dans les cercles les plus distingués.
« Partout régnait une extrême politesse, monnaie à
« laquelle on n'est pas obligé de se fier sans examen ;
« mais il y a toujours dédommagement ou excuse
« quand on s'y laisse tromper. La politesse qui nous

« était particulière a fait école dans toutes les sociétés
« élevées de l'Europe. Nationalisée hors de France, si
« je puis m'exprimer ainsi, et conservée par quelques
« vieux grands seigneurs des cours lointaines, elle se
« retrouve encore quelquefois dans notre pays ; car il
« nous reste, mais en bien petit nombre, des monu-
« ments vivants d'un autre siècle. Il est beaucoup plus
« facile de peindre en charge ces modèles de vraie no-
« blesse et de bon goût que de les faire oublier, et
« même de savoir les continuer. »

Cette peinture fine et délicate d'une société qui ne
vit plus pour nous que dans les livres, a été, on le
sent, tracée d'inspiration et comme d'instinct. Politesse et dignité aisée des manières, pureté et distinction du langage, finesse et enjouement de l'esprit et de
la conversation, par toutes ces qualités M. de la Porte
était bien le fils du XVIIIe siècle, mais fils meilleur
que son père, car il se séparait entièrement de sa phi-
losophie sans croyance, de sa poésie de convention et
de son art affété :

« Si au XVIIIe siècle, dit-il, la poésie et les arts du
« dessin abordaient les sujets champêtres, on trans-
« portait dans les champs le luxe et l'afféterie des
« cités. Poëtes et artistes s'écartaient à l'envi de la
« beauté primitive qu'ils avaient la prétention de cor-
« riger ; de là une imitation de la nature, restreinte et
« maniérée, que l'on aurait pu appeler théâtrale. » —
« Je ne sais, ajoute-t-il en parlant de Mme d'Arconville,
« un des personnages de ses notices, comment conci-
« lier en elle ce système, cette manie de préférer l'art
« à la nature, avec la sensibilité dont elle était si loin de
« manquer, et avec sa religion qui devait lui faire ad-

« mirer l'ordre de l'univers comme une émanation de
« la puissance divine, et, par conséquent, chérir par
« piété comme par goût tout ce qui est essentiellement
« beau, grand et noble ici-bas. Aimer mieux la repré-
« sentation de la nature que la nature même est un
« paradoxe pratique, un travers, ainsi que tout ce qui
« est trop absolu dans les comparaisons et les résu-
« més de l'esprit. »

N'entendez-vous pas ici le langage d'un enfant du
XIXe siècle, ou plutôt d'un enfant du XVIIIe siècle,
préservé du matérialisme de son époque par une édu-
cation chrétienne, et cette grave et philosophique réflexion ne nous montre-t-elle pas à quelle haute et pure
source M. de la Porte puisait les inspirations de son
esprit comme les règles de sa conduite ! Le beau, pour
lui, émane de Dieu, foyer de toute beauté comme de
toute vérité. Mais, pour lui appliquer ce qu'il dit de
Mme d'Arconville, « sa religion n'était pas moins éclai-
« rée que sincère. › Lui aussi, comme elle, eût aimé
à causer avec Voltaire, « tout en détestant l'humeur
« railleuse et irascible de ce philosophe sans sagesse. »
Remarquons, en passant, ce coup de crayon qui des-
sine le patriarche de Fernay.

A propos de cette brochure sur quelques femmes du
XVIIIe siècle, M. de Féletz, le célèbre critique du
Mercure de France et du *Journal des Débats*, écrivait
à M. de la Porte :

« Ces notices sont très-intéressantes ; j'aime les bio-
« graphies ; j'aime particulièrement les vôtres : on y
« trouve, ce qui est rare de nos jours, sens et raison,
« et cette raison est *assaisonnée*, comme le demande

« J.-B. Rousseau. Le tableau que, dans la notice de
« Madame de Montrond, vous faites de la société fran-
« çaise avant 1789 est plein d'intérêt, parce qu'il est
« plein de vérité. Il n'y a que les gens de mauvaise foi
« et les ignorants qui ne veulent pas s'éclairer, qui
« puissent le contredire. On ne saurait être plus im-
« partial ; vous défendez tout à la fois et vous accusez.
« Il y a, dans votre vraie et exacte peinture, reproches
« très-fondés et apologies contre de bien injustes et
« bien invétérées accusations. »

C'est encore au sujet de cette brochure que M. Sainte-
Beuve a cité M. de la Porte comme un des rares esprits
dont les curieuses investigations ont mis en lumière
divers points anecdotiques de l'histoire du XVIIIe
siècle.

La publication des *Souvenirs d'un Émigré* suivit, à
quelques années de distance, le travail que nous venons
de rappeler. Ces souvenirs sont la rédaction des notes
recueillies par M. de la Porte dans ses pérégrinations
forcées de 1792 à 1800. « J'ai beaucoup vu, nous dit-
il, et beaucoup retenu. » M. de la Porte ne surfait pas
son œuvre ; le livre est riche en souvenirs. Certains
épisodes sont tracés à grands traits ou fouillés curieu-
sement, et se classent au rang des pages d'histoire : la
chute de Venise, par exemple, ou le portrait du prince
Louis de Prusse. Mais la note qui domine, dans ces
pages douces et faciles, est le cri du cœur. On sent,
dans cet écrit, comme un parfum de printemps. M. de
la Porte, parvenu à l'âge où l'homme se recueille, y
rend un compte aussi attachant que fidèle et instruc-
tif de ses impressions de jeunesse ; son âme aimante s'y
épanche en récits intimes et en confidences pleines de
charme.

Lisez ces vers qu'il adresse, en 1796, à MM. Dampierre et de Bartillat, qui avaient recueilli et consolé le jeune proscrit, au moment où le 18 fructidor le força à quitter une seconde fois la France, à travers mille périls et sous de redoutables menaces de mort :

> A peine l'amitié m'avait ouvert son temple :
> En vous j'avais trouvé le précepte et l'exemple,
> Tout ce qui parle à l'âme ou peut charmer l'esprit ;
> Près de vous, un instant, le bonheur me sourit...
> Faible roseau, je dois céder à la tempête ;
> Sous les coups du destin je dois courber la tête.
> Mais il me reste encor, pour braver sa rigueur,
> L'espérance, et surtout la mémoire du cœur.
> Ce cœur vous est connu ; seule, votre tendresse
> Sut tromper ses ennuis, adoucir sa tristesse.
> Vous me faisiez chérir jusqu'à l'adversité ;
> Elle est mon lot ; le vôtre est la félicité ;
> Et s'il ne m'est donné de la rendre complète,
> Au ciel mes vœux ardents transporteront ma dette.
> Vous l'augmentez ici par vos soins si touchants.
> Avant vous, le Bonhomme avait dit dans ses chants :
> « Qu'un ami véritable est une douce chose ! »
> Douce et rare, en effet. . . . .
> Je dois bénir mon sort, il est sans doute heureux,
> Car, au lieu d'un ami, moi, j'en ai trouvé deux.

M. de la Porte écrivait ces vers, alors que, recherché comme émigré et réfugié chez ses amis, il pouvait craindre à chaque instant d'être découvert, et comme tant d'autres, traîné au supplice. Ils témoignent à la fois d'une liberté d'esprit, d'une mansuétude et d'une sensibilité rares. Pas un cri de colère ou de vengeance, seulement un hymne à la reconnaissance et à l'amitié !

Ce vif et noble sentiment de l'amitié, nous en retrouvons l'expression unie, non sans charme, à l'expression d'un sentiment plus tendre, dans une autre pièce adressée par M. de la Porte à Mlle Sophie de Tott, d'une famille ancienne et distinguée, qui, réfugiée comme tant d'autres à Hambourg, s'y livrait à l'art de la peinture. Cette jeune personne avait fait don à M. de la Porte du portrait peint par elle de M. Rolland de Roquan, ami de notre auteur, qui la remercie en ces termes :

> A vos bontés autant qu'à vos talents
> De mon Rolland je dois l'image:
> D'un tel bienfait deux cœurs reconnaissants
> Chérissent à la fois et l'auteur et l'ouvrage.
>
> . . . .
>
> . . . .
>
> Et si quelqu'un me surprenant
> Près de cette image fidèle,
> Cherchait pourquoi toujours, en la voyant,
> J'éprouve une ivresse nouvelle,
> Aussitôt des amis lui montrant le modèle.
> Je répondrais : Regarde ! et juge d'après toi :
> Ce portrait-là, c'est lui, c'est moi ;
> Et pour m'expliquer mieux, je dirais : Il est d'elle !

Ce portrait-là, c'est lui, c'est moi, rappelle avec bonheur cette réflexion de Barthélemy : *Quand je suis avec mon ami, je ne suis pas seul, et nous ne sommes pas deux.*

Dans ses pérégrinations, M. de La Porte a connu les Esménard, les Delille, les Rivarol, et tous les coryphées de la littérature mourante du XVIIIe siècle. Des anecdotes, des traits relatifs à ces divers personnages animent son récit. Notons un mot de Rivarol :

« Hambourg (c'est M. de La Porte qui parle), deve-
« nu en 1795 l'asile de beaucoup de Français et entre
« autres de sept ou huit membres fameux de l'assem-
« blée constituante, l'était aussi des proscrits de diver-
« ses nations européennes, ce qui faisait dire que cette
« ville se montrait à la fois *consolatrix afflictorum et*
« *refugium peccatorum.* Quelques-uns de ces consti-
« tuants forcément émigrés n'avaient pas renoncé à
« donner des conseils pour rétablir la monarchie. —
« Les bonnes gens ! s'écriait Rivarol, après avoir été
« incendiaires, ils viennent s'offrir pour pompiers ! »

C'est des *Souvenirs d'un Emigré* qu'on a dit : « Ce
« livre est aimable et attachant. On trouve, à chaque
« page, l'homme bon, l'homme spirituel qui vous ouvre
« son âme, qui vous raconte tout ce qu'il a vu, tout ce
« qu'il a senti, mais simplement, naturellement, dans
« un style toujours pur, le vrai style du genre, sans
« prétention, sans viser à l'effet, et qui l'atteint sans
« le chercher. »

Si nous ajoutons aux écrits dont nous venons de
parler *Une Notice sur Rivarol*, publiée en 1829, et
une autre sur *le dernier des maréchaux de Brissac*,
nous aurons mentionné à peu près toutes les œuvres
imprimées de M. de La Porte. C'est par erreur que
l'article à lui a consacré dans la nouvelle édition de la
Biographie Universelle, mentionne comme sorties de
sa plume diverses imitations ou traductions de romans
anglais ou étrangers. Mais les manuscrits conservés par
sa famille renferment des raretés d'un certain prix. Cet
esprit chercheur et analyste prenait des notes partout
et sur tout, et les conservait avec le soin d'un bota-
niste qui collectionne un herbier de plantes rares. Ar-

rêtons-nous un moment sur une relique littéraire de Madame de Staël.

Tout le monde sait qu'en 1810, Madame de Staël, à qui défense avait été faite d'habiter Paris, obtint la permission de venir séjourner dans un rayon de quarante lieues de la capitale pour surveiller l'impression de son livre de *L'Allemagne*. Madame de Staël choisit Fossé pour sa résidence. Son hôte, M. de Salabéry, et M. de La Porte, son beau-frère, étaient gens à apprécier tout le charme du commerce de la célèbre visiteuse. M. de La Porte a consigné par écrit quelques-uns des entretiens de cette femme éminente.

En tête de la pièce qui renferme ces souvenirs se trouvent ces mots, de la main même de M. de la Porte :

« *Correspondance entre Madame de Staël et M. de Sal... écrite dans le salon de Fossé.* »

C'est un dialogue ; et Madame de Staël, un des interlocuteurs, y fait, sans doute, allusion à quelqu'une de ces éloquentes improvisations dont l'auteur de *Corinne* avait le don, étant plutôt faite pour le discours que pour la conversation.

« Madame de Stael. — Ai-je été, ce matin, à votre « âme ?

« M. de Sal... — (Réponse.) Vous me croyez plus « de confiance en moi que je n'en ai. Vous parlez le « langage de l'âme. J'entendais moins les expressions « que je ne recevais les impressions. Je vous écou- « terais un an, un siècle, que je ne penserais pas à « m'attacher aux mots. C'est presque une profanation

« que d'en trouver pour vous le dire. On vous doit un
« culte et un encens tout particulier... Cependant les
« hommages vous flattent par la quantité ; est-ce qu'ils
« sont tous dignes de vous ?...

« Madame de Stael. — Vous avez raison ; j'ai le
« tort d'être un peu sensible, non à la louange, mais à
« l'impression que je puis faire. C'est de la sensibi-
« lité ; mais c'en est l'abus. »

SUR L'AMITIÉ.

« Madame de Stael. — Il y a deux époques dans
« l'amitié : la première, où l'inquiétude excite l'ima-
« gination ; la seconde, où elle fait mal.

« Réponse. — Il y a des maux qui se guérissent par
« eux-mêmes : voyez la lance d'Achille !

« Madame de Stael. — Est-ce l'oubli, est-ce l'af-
« fection, que la lance d'Achille !

« Réponse. — L'affection. Vous me prenez par mon
« faible. Quant à l'oubli, je l'ai si fort en horreur que
« j'admets jusqu'à la rancune. »

Nous bornons là ces extraits ; ils suffisent à donner
une idée du genre un peu gourmé, un peu emphatique,
un peu romanesque, des entretiens recueillis par le
Xénophon de ce Socrate en cornette dont la philoso-
phie consiste souvent à quintescencier et à alambiquer
les idées et les sentiments les plus naturels. Peut-être
cette figure si difficile à peindre s'y montre-t-elle sous
un nouveau jour, et la coquetterie féminine y tempère-
t-elle la virilité de cet hybride génie ; en tous cas, les
interlocuteurs de Madame de Staël se trouvent à sa

hauteur dans ces entretiens. Il y a du trait, de la fermeté, de l'esprit dans les réponses autant que dans les demandes.

Ainsi que nous l'avons dit, on imprimait en ce moment le livre de *L'Allemagne*, auquel les censeurs officiels reprochaient d'être anti-français, et dont la première édition fut finalement supprimée pour ce motif. — Rigueur et reproche injustes, dont l'avenir a bien vengé Madame de Staël : son livre est aujourd'hui distribué, en prix, dans nos lycées. Au cours de l'impression, Madame de Staël pria M. de la Porte de lui donner son sentiment sur cet ouvrage. On trouve dans les papiers de M. de la Porte le recueil des notes et des critiques détaillées qu'il lui soumit. Si quelques-unes de ces réflexions sont l'expression de son admiration enthousiaste, d'autres témoignent de sa franchise, de son impartialité et de la rigoureuse exactitude de son sens critique.

« Je suis bien loin, dit-il au début, de trouver
« rien d'anti-français. Si, par hazard, des censeurs al-
« lemands allaient dire, à leur tour, que l'ouvrage
« est anti-allemand, parce que, dans votre justice, vous
« faites souvent pencher la balance du côté de la
« France, la vérité serait entre ces deux extrêmes, et
« ce double reproche serait, selon moi, le plus bel
« hommage rendu au jugement littéraire que vous por-
« tez des mérites et démérites des deux nations. Mais
« indépendamment de ce qui tient à l'esprit dans ce
« jugement, on voit, à chaque page, que votre cœur
« est tout entier à la France. Seulement, si, empiétant
« sur vos censeurs officiels, j'étais condamné, comme
« disait Rivarol, à *attacher des plombs sur une gaze*

« *d'Italie* (Notons au passage ce mot spirituel et char-
« mant), j'arrêterais peut-être cette phrase :

« Elle (l'Allemagne) a presque l'incapacité de cette
« souplesse hardie qui fait plier toutes les vérités sous
« tous les intérêts, et sacrifier tous les engagements à
« tous les calculs. »

Jugeant d'après sa propre conscience, le critique
trouvait qu'il était injuste de prétendre qu'en France
on sacrifiât la vérité à l'intérêt et les engagements au
calcul. Dans cette phrase, en effet, Madame de Staël
semble trop généraliser un reproche qui peut attein-
dre certaines individualités. Notre nation est plus loyale
et plus fière. — L'exception ne fait pas la règle.

« — Les troupeaux, en Autriche, écrit Madame de
« Staël, sont gardés par des bergers qui jouent des airs
« charmants sur des instruments simples et sonores.
« Ces airs s'accordent parfaitement avec *l'impression*
« *douce et rêveuse* que produit la campagne. »

« Impression rêveuse ! s'écrie le critique. J'avoue
« que voilà la seule tache d'expression que j'aie remar-
« quée dans la totalité du premier volume. Je ne me
« figure pas ce que c'est qu'une impression douce et
« rêveuse ; on rêve et il en reste une impression ; mais
« l'impression ne rêve pas ; elle n'est pas rêveuse. —
« Au reste, je m'en rapporte à vous, Madame, et de-
« mande pardon de la liberté que je prends. »

La critique était juste, mais elle ne porta point fruit,
et la phrase a subsisté : les rois malaisément souffrent
qu'on leur résiste.... et les femmes de même, surtout
les femmes-rois, comme Madame de Staël.

Notre aristarque continue, vingt pages durant, sur ce ton d'amicale et libre franchise, entremêlant l'éloge et le blâme. Idée m'a pris de relire le livre de *L'Allemagne*, ce commentaire à la main, et il m'a semblé que l'œuvre de Madame de Staël gagnait singulièrement à ces annotations d'un homme de goût.

En dehors de ses travaux, M. de la Porte a entretenu un commerce de lettres varié et intéressant. Sa famille conserve particulièrement un recueil des lettres qu'a échangées avec lui M. de Monmerqué, l'éminent bibliographe auquel on doit la plus complète édition des Lettres de Madame de Sévigné ; à lire la correspondance aimable, spirituelle, parfois émue et éloquente de M. de Monmerqué, on comprend le culte qu'il a voué au génie épistolaire de la France. Les lettres de M. de la Porte, lettres toutes écrites au courant de la plume, nous révèlent des qualités de style enjoué et vif, parfois même acéré, dont les bornes de cette notice ne nous permettent pas de donner d'échantillons.

Qu'il nous soit seulement permis de citer quelques fragments d'une lettre que M. de la Porte adressait, en juillet 1826, à l'éditeur de la *Biographie Universelle*. Nous y trouvons une esquisse à traits rapides d'une des existences les plus héroïquement romanesques de notre siècle, et cette esquisse offre cet avantage de nous rappeler le souvenir d'un homme que notre Vendomois peut revendiquer pour sien par la proximité de naissance et par les relations de famille. Il s'agit du général Perron, cet aventureux pionnier de l'influence française dans l'Inde, cet adversaire courageux, infatigable et habile de la puissance anglaise. A côté des Dupleix, des Lally, des Suffren, ces

héros que l'on pourrait appeler les réguliers de la
France dans l'extrême Orient, ne perdons pas la mémoire de ces volontaires audacieux, qui, seuls, isolés,
souvent méconnus de la mère-patrie, ont, par leurs
exploits et par les services rendus aux indigènes, contribué au maintien de notre prestige dans ces lointains
parages, même aux époques où notre pavillon officiel
cessait de s'y déployer. Les Perron, les d'Orgoni peuvent
briller d'un éclat sympathique non loin au-dessous des
Dupleix, des Lally et des Suffren, et, coïncidence pré-
cieuse et singulière, ces deux hommes, auxquels de
vastes contrées ont dû de résister à l'envahissante An-
gleterre, sont nés sur les bords du Loir.

Laissons la plume à M. de la Porte :

« Je ris quelquefois, et vous me le permettez, écrit-
« il à M. Michaux, du renvoi *au Supplément* (de la
« Biographie), qui est si souvent votre réponse à tout.
« Je suis moi, comme Madame Bastarrêche et comme
« Marie Louise (sans jouer sur le synonyme du mot
« Don), j'aime mieux le *présent* que le *futur*. Ce n'est
« pas que s'il était vrai que le général Perron eût eu
« affaire à Sind-Hiya *fils,* au lieu du père, vous auriez
« plus que raison de dire : « Nous en parlerons au Sup-
« plément, en cas de mort. » M. de M... revenant dans
« notre pays, j'en causerai avec lui.

« L'histoire du silencieux ou du moins discret géné-
« ral Perron, qui n'emploie ou ne connaît guère les
« expressions choisies, est des plus curieuses. Le voi-
« sin seul, que je viens de nommer, sait le faire bien
« causer.

« Débarqué sur la côte du Malabar, il s'enfonça dans

« la presqu'île de l'Inde avec trois personnes, et, de
« proche en proche, il arriva jusqu'à un chef de Ma-
« rattes, maître d'un État trois ou quatre fois plus
« grand que la France, fut employé dans l'armée du
« général de Boyne, gouverna, pendant 34 ans, sous
« le prince Sind-Hiya, et finit par prendre Delhy, c'est-
« à-dire par renverser et faire périr l'usurpateur du Mo-
« gol. On peut dire qu'alors le général Perron *régna*
« sous le nom du vieux Mogol, prince légitime. Sa puis-
« sance, son intelligence, son activité firent ombrage
« aux Anglais ; leur haine intéressée décida le malheur
« de Sind-Hiya et peut-être celui du Grand Mogol. Il
« avait jusqu'à cent mille hommes sous ses ordres. Il
« dit que si Bonaparte, en revenant d'Égypte, eût fait
« débarquer dans l'Inde un corps quelconque composé
« d'officiers français, lui, M. Perron, serait venu à
« bout, avec leur aide, de déjouer tout à fait les An-
« glais dans l'Inde. — Ceux-ci corrompirent son ar-
« mée, qui bientôt s'insurgea contre lui. Il avait
« amassé vingt millions ; il en perdit douze en un mois.
« Fait prisonnier, il obtint une capitulation ; il fréta
« un bâtiment danois, fut visité et dépouillé en route,
« comme Français. Il y a eu un moment où la place
« de Londres était *inondée* de la monnaie du général
« Perron.

« On acheva de le *ruiner* à la douane de Hambourg.
« Néanmoins les restes de la fortune de ce Français-
« Indien sont considérables. Avec sa *piètre* tournure, il
« a donné sa fille aînée, l'Indienne, à un Montesquiou,
« et deux filles du second lit sont promises à des La-
« rochefoucauld. Ses habitudes indiennes le rendent
« maintenant moins sociable.

« Cuillier dit Perron, fils d'un marchand de toiles de

« la petite ville de Château-du-Loir, partit de son pays
« en 1774 ; sa catastrophe est de 1803 ; il s'est établi
« dans la terre du Fresne en 1806... »

Dans ce fragment de lettre, dans ces renseignements
rapides, nets, concis et détaillés cependant, se repro-
duisent les qualités toutes propres aux biographies,
qui distinguent le style de notre écrivain.

Dans une autre lettre adressée, à la même époque,
à M. Michaux, M. de la Porte achève l'esquisse de
cette figure saisissante et singulière :

« Pour me distraire de la politique, je viens de passer
« quatre jours avec un nabab, né Français, qui a fait tel-
« lement ombrage aux Anglais, qu'à cause de lui ils ont
« conquis le Mogol... Si quelque jour le très-original
« Perron se déterminait à écrire ou laisser écrire ses mé-
« moires, bien des romans pâliraient quant à l'intérêt.
« Figurez-vous le fils d'un marchand de toiles d'une très-
« petite ville s'embarquant de dépit pour l'Inde, et
« finissant par y gouverner les États de Scindia, chef
« de Marattes, par écraser avec lui le Buonaparte de
« Delhi, et gouverner, à lui tout seul, l'empire entier
« du Mogol. En un jour il a perdu douze millions. Avec
« ce qui lui reste, et que j'évalue à un tiers tout au
« plus, il est venu finir sa carrière à cinq lieues de
« chez moi, faisant beaucoup d'enfants de sa personne
« et beaucoup d'heureux de son argent. Si vous le ren-
« contrez quelque jour dans les rues de Paris avec une
« pipe courte à la bouche et un poignet sans main,
« vous le prendriez pour un mauvais marchand d'ha-
« bits. Il est certain que ce n'est ni son costume, ni sa
« mine, qui le feront briller. Mais la conversation de
« cet homme-là, quelque ennemi qu'il paraisse de la
« société, est d'un grand intérêt. »

L'activité intellectuelle de M. de la Porte et son
goût pour les curiosités de l'art et de la littérature, en
faisaient un membre né de toutes les sociétés savantes ; il eût certes été un des fondateurs les plus em-
pressés et un des soutiens les plus énergiques de la
nôtre ; car nous le voyons, dès 1808, associé à une
réunion plus ou moins littéraire qui s'était formée à
Vendôme. On dînait à des époques périodiques ; on
chantait... Une espèce de société du caveau. Il serait
intéressant d'en rechercher les vestiges. Outre M. de
la Porte, cette société comptait parmi ses membres
MM. de Passac, Josse de Beauvoir, de Salabéry, Bour-
gogne, le chevalier de Montlivault, etc., etc. Aucun
n'existe plus.

L'importante Société des Bibliophiles, l'Institut des
Provinces, la Société pour la conservation des Monuments, la Société Archéologique de l'Orléanais, et dix
autres sociétés savantes avaient tenu à honneur, dit
M. de Pétigny, d'inscrire M. de la Porte parmi leurs
membres, et il y comptait autant d'amis que de confrè-
res. Jusqu'aux dernières limites de la vieillesse, il fut
aimé et recherché, car il avait conservé, dans toute sa
fraîcheur, la jeunesse du cœur et de l'esprit.

S'écoulant au sein de ces studieux loisirs, la vie de
M. de la Porte fut heureuse comme son caractère. In-
ébranlable dans sa foi religieuse et dans sa conviction
politique, mais ouvert d'esprit et de cœur à toutes les
inspirations sincères et à toutes les idées élevées, in-
dulgent pour les erreurs, désintéressé de toute ambition, adoré d'une famille qui l'entourait d'un amour
vraiment filial et qui prouve encore, en continuant ses
traditions de bienfaits, d'hospitalité généreuse et de

culture intellectuelle, combien lui est cher le souvenir de cet homme de bien, M. de la Porte est parvenu aux limites extrêmes de la vie sans fatigue et sans presque ressentir les atteintes de l'âge. Il s'est éteint le 29 février 1852, et sa mort fut celle d'un homme de cœur et d'un chrétien. Quand il se vit à ses derniers moments, il fit, avec résignation et sans murmure, le sacrifice d'une vie à laquelle l'attachaient tant d'heureux liens, et cette âme qui comprenait et sentait si vivement le beau et le bien, est retournée avec une foi sincère vers l'Auteur de toute bonté et de toute beauté.

Dans cette Notice, nous avons cherché à appeler, au nom des lettres, la lumière vivifiante d'un reconnaissant souvenir sur cette pure et douce figure, où le littérateur et l'érudit se cachaient sous les formes exquises de l'homme du monde. Avons-nous réussi? Les traits peu accentués mais élégants et délicats de cette physionomie distinguée demanderaient un crayon plus fin. Puisse cette esquisse, toute imparfaite qu'elle soit, contribuer, en figurant dans la galerie consacrée par notre Société Archéologique aux hommes distingués du Vendômois, à rappeler un nom que, tant à cause du mérite personnel de M. de la Porte qu'en raison des services rendus par sa famille à notre pays, il serait injuste de laisser périr!

RICHARD DE LA HAUTIÈRE.

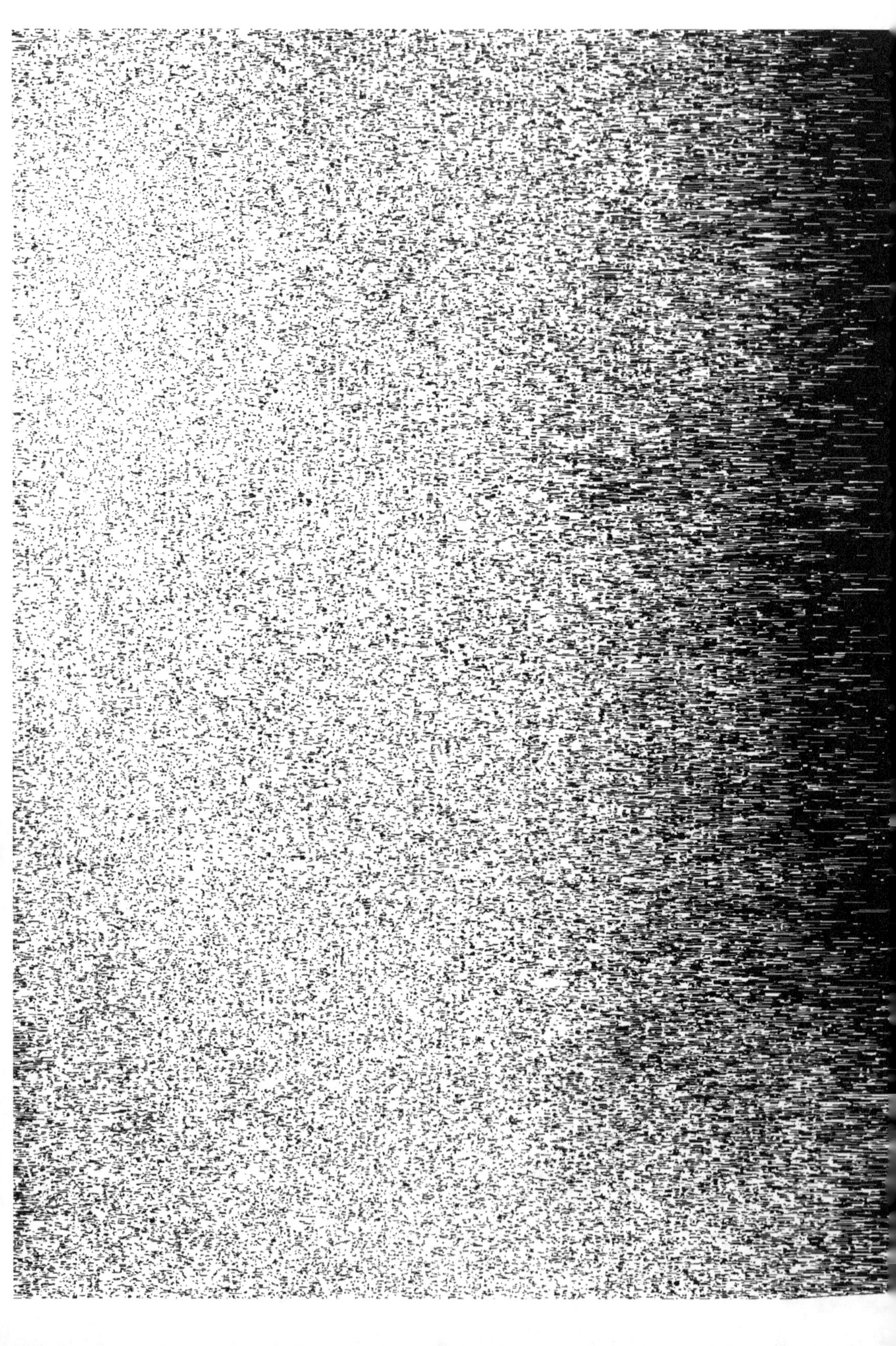